Matthias Linke

Kreuzberger Predigten

Matthias Linke

Kreuzberger Predigten

Ausgewählte Texte zu Jona, den biblischen Sprichwörtern und Hiob

Fromm Verlag

Impressum / Imprint
Bibliografische Information der Deutschen Nationalbibliothek: Die Deutsche Nationalbibliothek verzeichnet diese Publikation in der Deutschen Nationalbibliografie; detaillierte bibliografische Daten sind im Internet über http://dnb.d-nb.de abrufbar.

Bibliographic information published by the Deutsche Nationalbibliothek: The Deutsche Nationalbibliothek lists this publication in the Deutsche Nationalbibliografie; detailed bibliographic data are available in the Internet at http://dnb.d-nb.de.

Verlag / Publisher:
Fromm Verlag
ist ein Imprint der / is a trademark of
OmniScriptum GmbH & Co. KG
Heinrich-Böcking-Str. 6-8, 66121 Saarbrücken, Deutschland / Germany
Email: info@frommverlag.de

Herstellung: siehe letzte Seite /
Printed at: see last page
ISBN: 978-3-8416-0572-6

Einleitung

Wer liest Predigten? Sie sollen wohl doch zuerst gehört werden, oder? Aber Predigten bilden beileibe nicht nur ein Ereignis für ca. zwanzig Minuten. Sie wirken längerfristig. Deshalb ist es gut und hilfreich, sie (auch) zu lesen. Manche Predigten lese ich mehrmals, ich habe da durchaus meine Lieblingsautoren. Von guten Predigten profitiere ich. Sie ermutigen mich. Sie liefern mir „Kraftfutter“. Gute, tiefgründige Gedanken gehören dazu. Griffige und einprägsame Formulierungen. Gerne auch Zitate von bekannten oder mir bis dato noch unbekannten Autoren. (So fing für mich schon manche Entdeckung an...) Wenn deutlich wird, dass alte Bibeltexte mitten ins heutige Leben sprechen und mit mir und Gottes weiter Welt zu tun haben – dann lebe ich fröhlicher, getroster und mutiger an meinem Platz, wohin ich gestellt bin.

Dieser Platz ist für mich seit vielen Jahren das quirlige, vor vielfältigem Leben sprühende und manchmal auch anstrengende Berlin. Mitten im Herzen dieser Stadt, im vielleicht bekanntesten Stadtteil Kreuzberg versuche ich als Christ und Pastor „Herz“ zu zeigen und nahbar zu werden wie Gott es gemeinschaftsstiftend und Grenzen überwindend immer wieder unternimmt.

Die vorliegenden, innerhalb von fünf Monaten gehaltenen Predigten thematisieren Texte, die nicht so häufig ausgelegt werden, entstammen ausschließlich der Hebräischen Bibel, unserem Alten (oder Ersten) Testament. Ihnen liegt der Bibeltext nach der Lutherübersetzung und (in den Kapiteln 5-7) der Guten Nachricht zugrunde. Die Anregung, die biblischen Sprichwörter im Spiegel der Zehn Gebote zu verstehen und zu interpretieren, verdanke ich Helmut Lamparter. In den Predigten klingen immer wieder auch aktuelle Fragestellungen auf, die die Ereignisse des turbulenten und geschichtsträchtigen Jahres 2014 geprägt haben.

Zum Schluss zwei Dankesworte: an meine Frau Kerstin, der ich viel mehr verdanke als überraschende Anregungen und die Einsicht, dass

Predigten noch lange nicht zu Ende sind, nachdem das Amen gesprochen wurde – und an meine Kreuzberger Gemeinde, die mich daran erinnert, dass Gott viele Sprachen spricht und anspornt, nicht für sich allein zu glauben und das bunte Leben weiter fröhlich mit anderen zu teilen.

Berlin, im Januar 2015 Matthias Linke

Inhaltsverzeichnis

Kapitel 1

Was bewirkt die Rettung bei Jona und bei uns?

Jona 2,1-11

Normalerweise fängt man bei Geschichten von vorne an. Bei der Jonageschichte, um die es in den nächsten Wochen gehen soll, fange ich in der Mitte an. Bei der Geschichte von Jonas wunderbaren Rettung. Das Wichtigste ist oft eine Wunder- und Rettungsgeschichte! Auch bei uns. Und die Aufgabe und Herausforderung bestehen dann darin, mitten in der Unruhe oder auch Farblosigkeit unseres Alltags dieses Wunder unserer Rettung immer wieder vor Augen und im Herzen zu behalten. Denn daraus beziehen wir die Kraft, die wir für unseren Alltag mit all seinen Kämpfen und Herausforderungen brauchen:

„Aber der Herr ließ einen großen Fisch kommen, Jona zu verschlingen. Und Jona war im Leib des Fisches drei Tage und drei Nächte. Und Jona betete zu dem Herrn, seinem Gott, im Leib des Fisches und sprach: Ich rief zu dem Herrn in meiner Angst und er antwortete mir. Ich schrie aus dem Rachen des Todes und du hörtest meine Stimme. Du warfst mich in die Tiefe, mitten ins Meer, dass die Fluten mich umgaben. Alle deine Wogen und wellen gingen über mich, dass ich dachte, ich wäre von deinen Augen verstoßen, ich würde deinen heiligen Tempel nicht mehr sehen. Wasser umgaben mich und gingen mir ans Leben, die Tiefe umringte mich, Schilf bedeckte mein Haupt. Ich sank hinunter zu der Berge Gründe, der Erde Riegel schlossen sich hinter mir ewiglich.
Aber du hast mein Leben aus dem Verderben geführt, Herr, mein Gott! Als meine Seele in mir verzagte, gedachte ich an den Herrn, und mein Gebet kam zu dir in deinen heiligen Tempel. Die sich halten an das

Nichtige, verlassen ihre Gnade. Ich aber will mit Dank dir Opfer bringen. Meine Gelübde will ich erfüllen dem Herrn, der mir geholfen hat. Und der Herr sprach zu dem Fisch und der Fisch spie Jona aus ans Land."

Diese Worte bilden keine Geschichte im eigentlichen Sinn. Sie sind ein Gebet. Jonas Dankgebet über seine wunderbare Rettung. Fast zu jedem Satz finden sich Anklänge an die Psalmen. Hier haben wir es sozusagen mit einem Jonapsalm zu tun. Zwei Sätze von ihm greife ich besonders heraus und der erste davon lautet: „Ich rief zu dem Herrn in meiner Angst und er antwortete mir. Ich schrie aus dem Rachen des Todes und du hörtest meine Stimme." (Vers 3)

Jona war in einer ziemlich vertrackten Lage. Er befand sich an seinem Endpunkt. Und er wusste das. Er wusste auch, dass er sich diese Suppe selbst eingebrockt hatte. Seine missliche Lage war das Resultat seiner eigenen, freien Entscheidung. Er war ein Mann Gottes, ein Prophet und hatte sich bewusst gegen Gott und seine Berufung entschieden. Dafür gab er nicht Gott oder den Umständen die Schuld. Er wusste: Er selbst und niemand anders war für seine Situation verantwortlich. Diese Einsicht ist enorm wichtig. Damit ist schon viel gewonnen, wenn wir aufhören, andere für unser Ergehen verantwortlich zu machen. Es ist schon viel gewonnen, wenn wir aufhören, uns selbst zu bedauern. Es ist schon viel gewonnen, wenn wir aufhören, uns als Opfer unseres Lebens zu sehen. Jona rief zu Gott in seiner Angst und Not. Wie im Hebräischen oft wird derselbe Sachverhalt zweimal gesagt und die zweite Zeile bringt einen neuen, oft verstärkenden Akzent in die Sache. Hier im ersten Satz von Jonas denkwürdigem Psalm vollzieht er einen Perspektivwechsel. In der ersten Zeile spricht er von Gott sachlich und unpersönlich in der 3. Person: *Er* antwortete mir. Er hat diesen Satz noch nicht zu Ende gesprochen, erst zur Hälfte, da wandelt sich seine Rede über Gott und wird persönlich. Sie wird Gebet: *Du* hörtest meine Stimme. In unserem Leben kommt viel auf diesen Perspektivwechsel an. Wie wir unseren Alltag bewältigen, wie wir mit großen und kleinen Katastrophen, mit Niederlagen und Rückschlägen umgehen, entscheidet sich in hohem Maß genau an diesem Punkt. Das ist keine Kompetenzfrage, sondern eine Beziehungsfrage: Habe ich Beziehungen, die halten, wenn alles zu Ende scheint? Wie ist meine Beziehung zu Gott, eher sachlich und nüchtern? Ich weiß zwar manches von ihm, aber Wissen und Verhalten bilden halt verschiedene Schuhe wie Sonntag und Alltag. Sonntag bin ich so, da hat Gott so etwas wie eine Nische in meinem Leben. Aber im Alltag, dort wo es sich entscheidet, da wo der eigentliche Kampf stattfindet, wo über Sieg oder Niederlage entschieden wird, dort bin ich ganz anders. Und da spielt Gott meist keine große Rolle. Aber Gott ist ein Gott der Beziehung. Eine freie, nicht erzwungene Beziehung, die Vertrauen stiftet und Vertrauen fördert. Eine sehr persönliche Beziehung buchstäblich mit Tiefgang. Eine Beziehung, die auch dann hält und trägt, wenn alles zu Ende scheint. So wie bei Jona. Davon spricht sein zweiter Satz, den ich herausgreife:

„Aber du hast mein Leben aus dem Verderben geführt, Herr, mein Gott!" (Vers 7b)

Das bildete seine Schlüsselerfahrung. Da wo sein Leben eigentlich schon zu Ende war, durfte es nochmal beginnen. Gott gab Jona eine zweite Chance. Um seinen Propheten zu retten und zu ändern, gebrauchte er außergewöhnliche Mittel. Die Sache mit dem Fisch, der Jona verschluckte und wieder an Land ausspuckte, zeigt uns, dass Gott kein Weg zu weit und kein Wunder zu groß ist, um Menschen zu retten.

Sich selbst überlassen würden sie ohne sein rettendes Eingreifen an den Folgen ihrer eigenen Entscheidungen buchstäblich zugrunde gehen. Deshalb greift Gott ein. Er ist ein Gott der Rettung, dessen wunderbares Eingreifen tragfähige Beziehungen erst ermöglicht. Wenn wir Abendmahl feiern, feiern wir unsere Rettung, die Jesus für alle Menschen vollbracht hat. Jesus vergleicht sich einem seiner Streitgespräche mit seinen Gegnern einmal mit dem Propheten Jona. Er spricht vom Zeichen des Propheten Jona und davon, dass er wie der Prophet drei Tage und drei Nächte im Schoß der Erde sein werde (Matthäus 12,39-41). Damit meinte er sein stellvertretendes Leiden, Sterben und Auferstehen vom Tod zum Heil und zur Rettung der Menschheit. Jesus, dessen hebräischer Name „Rettung“ heißt, hat auf diesem Weg bewirkt, dass wir alle wie Jona eine zweite oder zwanzigste oder zweihundertste Chance bekommen. Jesus hat es geschafft, dass unsere Fehler, Irrtümer und falschen Entscheidungen uns nicht ruinieren müssen. Er hat es bewirkt, dass wir nicht nur allein auf uns gestellt sind, wenn es darum geht, sinnvoll zu leben und dabei auch für unsere Umgebung ein Segen und Gewinn zu sein. Das kann und das muss keiner von sich allein aus zu schaffen versuchen. Dazu ist Jesus unser „Jona“ geworden und Gott hat ihn auf wunderbare Weise wie Jona an Ostern zum Leben erweckt – damit wir in vertrauensvoller und tragfähiger Beziehung mit ihm leben. Leben, das diesen Namen wirklich verdient. Vor unserem Tod und weit darüber hinaus. Bis in alle Ewigkeit. Das will gefeiert werden. Amen.

Kapitel 2

Was machen wir mit den Chancen, die Gott uns gibt?

Jona 3,1-10

Wieviel Chancen braucht ein Mensch? Jona brauchte zwei. Viele brauchen mehr. Das Wunderbare bei Gott ist, dass wir unerwartet und völlig unverdient eine zweite oder zwanzigste oder zweihundertste Chance erhalten. Eine Chance, die uns sonst niemand auf der Welt geben würde. Eine Gelegenheit, aus der Vergangenheit und den eigenen Fehlern zu lernen. Jona bekam sie und die Frage ist, wie er sie nutzt. Wir bekommen häufig genau die gleiche Chance und die Frage ist, wie wir sie nutzen. Jonas Geschichte nach seiner Rettung im Bauch des Fisches geht weiter:

„Und es geschah das Wort des Herrn zum zweiten Mal zu Jona: Mach dich auf, geh in die große Stadt Ninive und predige ihr, was ich dir sage! Da machte sich Jona auf und ging hin nach Ninive, wie der Herr gesagt hatte. Ninive aber war eine große Stadt vor Gott, drei Tagereisen groß. Und als Jona anfing, in die Stadt hineinzugehen, und eine Tagereise weit gekommen war, predigte er und sprach: Es sind noch vierzig Tage, so wird Ninive untergehen. Da glaubten die Leute von Ninive an Gott und ließen ein Fasten ausrufen und zogen alle, Groß und Klein, den Sack zur Buße an. Und als das vor den König von Ninive kam, stand er auf von seinem Thron und legte seinen Purpur ab und hüllte sich in den Sack und setzte sich in die Asche und ließ ausrufen und sagen in Ninive als Befehl des Königs und seiner Gewaltigen: Es sollen weder Mensch noch Vieh, weder Rinder noch Schafe Nahrung zu sich nehmen, und man soll sie nicht weiden noch Wasser trinken lassen; und sie sollen sich in den

Sack hüllen, Menschen und Vieh, und zu Gott rufen mit Macht. Und jeder bekehre sich von seinem bösen Weg und vom Frevel seiner Hände! Wer weiß? Vielleicht lässt sich Gott gereuen und wendet sich ab von seinem gewaltigen Zorn, dass wir nicht verderben. Als aber Gott ihr Tun sah, wie sie sich bekehrten von ihrem bösen Weg, reute ihn das Übel, das er ihnen angekündigt hatte, und tat´s nicht."

Eine ziemlich unglaubliche Geschichte. Unglaublich auf der ganzen Linie. Zumindest nach unseren Maßstäben und Erfahrungen. Dennoch sagt sie gerade in dieser Zuspitzung eine ganze Menge aus: über Gott und die Welt – hier repräsentiert durch Ninive – sowie über Jona und uns, die wir uns Christen und Nachfolger in den Spuren von Jesus nennen. Gehen wir dabei der Reihe nach vor: Was sagt die Geschichte über Gott aus? Und was über Jona und über uns? Und schließlich über Ninive und die Welt damals und heute...

Was sagt diese Geschichte über Gott aus? – Gott ist unglaublich! Gott ist so, wie er sich´s bei seiner Menschheit und besonders bei seinen Nachfolgern, immer wieder wünscht: dass sie Einsicht und Reue zeigen, dass sie zu wirklichen Kurskorrekturen willig und in der Lage sind und dass sie umkehren. Das tut hier vor allem einer: Gott! Der erstaunlichste Satz steht für mich ganz am Schluss (in Vers 10): „Als aber Gott ihr Tun sah, wie sie sich bekehrten von ihrem bösen Weg, reute ihn das Übel, das er ihnen angekündigt hatte, und tat´s nicht." Das ist das Erstaunlichste und Wunderbarste an der Geschichte, wie Gott hier seinen Plan ändert. Denn machen wir uns nichts vor: Das hätte Gott nicht tun müssen. Er hätte seinen Vernichtungsbeschluss trotz der erkennbaren plötzlichen Änderung der Leute durchziehen können. Sagen wir es noch deutlicher: Die Umkehr von uns Menschen allein schafft noch keine nachhaltige Änderung der ganzen Lage! Dazu muss noch eine andere Weichenstellung hinzukommen. Es braucht dieses wunderbare „Echo“ auf Seiten Gottes, dass er auf unsere aufrichtigen Bemühungen so reagiert, dass er uns Menschen eine zweite, zwanzigste oder zweihundertste Chance gibt! Das allerdings ist Menschen unmöglich. Das ist nur Gott möglich. Dieses Wunder, das hier geschieht, kann nicht allein durch die Verhaltensänderung von Menschen erklärt werden. Dafür gibt es letztlich nur einen einzigen, in Gott selbst liegenden Grund. Dieser Grund heißt Liebe und Treue. Dieses Wunder heißt Gnade und unverdientes Erbarmen. Dieses Wunder heißt Gottes Großzügigkeit und unglaubliche Zuwendung immer und immer wieder. Und dieses Wunder geschieht in Ninive und in unseren Tagen. Denn Gott hat diese Welt mit all ihren Krisenherden und allen Konfliktparteien noch nicht abgeschrieben! Weder im Nahen Osten noch in der Ukraine. Das gilt übrigens auch für unser Berlin. Manche von uns mögen sich vielleicht vor allem über unsere Stadt und die Dauerbaustelle Flughafen ärgern und Gründe dafür haben. Eins aber ist gewiss: Gott ärgert sich nicht nur über Berlin, sondern er liebt unsere Stadt über alle Maßen mit all ihren Macken! Und er würde sich riesig freuen, wenn diese seine Einstellung auf seine Leute „abfärben“ würde. Denn Gott gibt nicht auf! Jesus mit seinem Leben der hingebenden Liebe an unsere Welt bürgt dafür, dass es für Gottes geliebte Welt noch eine Chance gibt, eine zweite oder zweihundertste.

Jona hat sie ganz unmittelbar erlebt, diese zweite Chance. Fast mit denselben Worten wie beim ersten Mal heißt es: „Mach dich auf, geh in die große Stadt Ninive und predige ihr, was ich dir sage!“ Klare Ansage – doch diesmal mit einer anderen, einer positiven Reaktion: „Da machte sich Jona auf und ging hin nach Ninive, wie der Herr gesagt hatte.“ (Vers

3) Hoffnung keimt auf, dass Jona diese seine zweite Chance besser nutzt. Doch schon beim nächsten Satz stutzt der Leser oder Hörer: Man braucht drei Tagereisen, um die Stadt zu durchqueren. Das scheint wichtig. Wer eine wichtige Botschaft zu überbringen hat, sollte die Menschen kennenlernen wollen, zu denen er spricht. Jona allerdings, so ist mein Eindruck, erstattet Ninive nur einen Blitzbesuch von einer Tagesreise ab. So als wollte er seinen Auftrag möglichst schnell hinter sich bringen. Das was er sagt, ist von unüberbietbarer Kürze: Es sind noch vierzig Tage und Nächte, so wird Ninive untergehen. Von einem Aufruf zur Buße oder einer Bitte zur Umkehr, um das Gericht vielleicht doch noch abzuwenden, ist keine Rede. Auch nicht von einer Chance für Ninive so wie Jona sie doppelt erfahren hat. Geht es euch auch so? Auf mich wirkt das wie einer, der seinen Dienst lediglich nach Vorschrift versieht. Jona tut, was er soll. Gewiss. Aber es wirkt ziemlich distanziert. So als seien die Menschen, an denen sich seine Predigt richtet, ihm ziemlich egal. Halbherzig wirkt er auf mich. Jedenfalls ganz anders als Gott.

Und die Leute von Ninive, wie reagieren sie? Spätestens an dieser Stelle entsteht der Eindruck: Hier werden die Dinge gründlich auf den Kopf gestellt. Das beginnt schon bei den Chancen. Jona braucht zwei „Anläufe“ und Ninive erhält nur eine einzige Gelegenheit. Aber wie wird die genutzt! Krasser kann man es nicht ausdrücken. Dazu ist dem Erzähler kein Kontrast zu groß und kein Stilmittel zu ungewöhnlich. Wenn ich das mit meiner und unserer Wirklichkeit vergleiche, spricht hier alles meiner und unserer Erfahrung Hohn. Unsere Erfahrung ist ja oft genug die: Maximal persönlicher Einsatz an Zeit und Kraft und Herzblut – und nur wenig bis kaum messbarer Erfolg und nachhaltige Wirkung. So ist es doch häufig, oder? Hier ist alles genau umgekehrt: Minimaler

Einsatz und maximaler Erfolg. Krass. Aber genau darauf zielt die wunderbare Geschichte: Sie will meine und unsere „realistischen" Denk-, Glaubens- und Lebensgewohnheiten gründlich erschüttern und in Frage stellen. Bereits ein einziges Wort legt dabei den Hebel um. Ein unscheinbares Wort. Ein enormes *Hoffnungswort*. Es lautet *„Vielleicht"*. „Wer weiß? Vielleicht lässt Gott es sich gereuen, und wendet sich ab von seinem gewaltigen Zorn, dass wir nicht verderben." (Vers 9) Es fällt hier zum zweiten Mal. Am Anfang der Jonageschichte sprach der Schiffskapitäns dieses Hoffnungswort (Jona 1,6b) und nun wie mit einem kräftigen Verstärker taucht es im Befehl des Königs auf als Begründung der radikalen Umkehrmaßnahmen: „Wer weiß? Vielleicht lässt Gott sich umstimmen?" – Von uns wäre vermutlich keiner bereit, auf ein unsicheres „Vielleicht" sein ganzes bisheriges Verhalten radikal zu ändern. Doch genau damit rüttelt diese Geschichte gehörig an unserer Fähigkeit zu hoffen, wo viele die Hoffnung aufgeben! Und darauf kommt es ihr offensichtlich an. Es ist als wollte sie uns zurufen: Sag´ bitte nie mehr nie! Sag´ oder denke bitte nie: Hier ist „Hopfen und Malz verloren"! Sag´ oder denke bitte nie: Hier ist „jede Liebesmüh´ vergeblich"! Hier kommt jede Hilfe oder Hoffnung zu spät! Wenn du dich für deine Mitmenschen einsetzt. Wenn du dich in deinem Beruf oder auch ehrenamtlich für andere engagierst. Wenn du an unsere Stadt denkst. Wenn du für unsere Welt und ihre Verantwortlichen betest. Jonas Geschichte „vom zweiten Versuch" sagt überdeutlich: Es gibt einen Gott. Einen Gott, der Wunder wirkt. Auch heute noch. Das wollen wir sehen und erleben. Dafür wollen wir alles öffnen, was wir haben: Augen und Ohren. Hände und Herzen. Amen.

Kapitel 3

Was hat das letzte Wort bei uns?

Jona 3,10 - 4,11

So ungewöhnlich sich Jonas Geschichte bislang darstellte, so spannend gestaltet sich auch der Schluss:

„Als aber Gott ihr Tun sah, wie sie sich bekehrten von ihrem bösen Weg, reute ihn das Übel, das er ihnen angekündigt hatte, und tat´s nicht. Das aber verdross Jona sehr und er wurde zornig und betete zum Herrn und sprach: Ach, Herr, das ist´s ja, was ich dachte, als ich noch in meinem Land war, weshalb ich auch eilends nach Tarsis fliehen wollte; denn ich wusste, dass du gnädig, barmherzig, langmütig und von großer Güte bist und lässt dich des Übels gereuen. So nimm nun, Herr, meine Seele von mir; denn ich möchte lieber tot sein als leben. Aber der Herr sprach: Meinst du, dass du mit Recht zürnst? Und Jona ging zur Stadt hinaus und ließ sich östlich der Stadt nieder und machte sich eine Hütte; darunter setzte er sich in den Schatten, bis er sähe, was der Stadt widerfahren würde. Gott der Herr aber ließ eine Staude wachsen; die wuchs über Jona, dass sie Schatten gäbe seinem Haupt und ihm hülfe von seinem Unmut. Und Jona freute sich sehr über die Staude. Aber am Morgen, als die Morgenröte anbrach, ließ Gott einen Wurm kommen; der stach die Staude, dass sie verdorrte. Als aber die Sonne aufgegangen war, ließ Gott einen heißen Ostwind kommen, und die Sonne stach Jona auf den Kopf, dass er matt wurde. Da wünschte er sich den Tod und sprach: Ich möchte lieber tot sein als leben. Da sprach Gott zu Jona: Meinst du, dass du mit Recht zürnst um der Staude willen? Und er sprach: Mit Recht zürne ich bis an den Tod. Und der Herr sprach: Dich jammert die Staude, um die du dich nicht gemüht hast, hast sie auch nicht aufgezogen, die in einer Nacht wurde und in einer Nacht verdarb, und mich sollte nicht jammern Ninive, eine so große Stadt, in der mehr als 120.000 Menschen sind, die nicht wissen, was rechts oder links ist, dazu auch viele Tiere?"

Diese Geschichte entfaltet vor unseren Augen ein Drama bis zum letzten Satz. Wir Leser und Hörer halten die Luft an und fragen uns: Geht diese Sache nun gut aus? Gut für Ninive und gut für Jona? Oder nicht? Das hängt entscheidend von den beiden letzten Worten dieser Geschichte ab. Jona spricht eins und Gott spricht seins. Jonas letztes Wort lässt einen negativen Ausgang befürchten. Wenn seine Einstellung auch unsere Einstellung wird. Sein letztes Wort lautet: „Mit Recht zürne ich bis an den Tod." (Vers 9) Gottes letztes Wort, mit dem die Jonageschichte schließt, lautet: „Mich sollte nicht jammern Ninive, eine so große Stadt, in der mehr als 120.000 Menschen sind, die nicht wissen, was rechts oder links ist...?" (Verse 10-11) Mit diesem Satz legt Gott seine Position eindeutig fest. Sie besteht aus Erbarmen und kraftvoller Zuwendung. Sie zeigt sein Herz. Es schlägt für alle Menschen. Nicht nur für die Frommen oder die Guten. Doch sein letztes Wort ist eine Frage. Sie wartet auf eine Antwort. Von uns. Damit fragt er uns, für wen unser Herz schlägt. Nur für Gott und unseresgleichen? Oder ist da Raum für „Herzerweiterung"? Gott fragt uns, ob wir uns auch erbarmen über unsere Umgebung. Wenn wir unseren Mitmenschen begegnen – wenden wir uns dann ihnen zu, damit sie an unserer freundlichen Art etwas von Gott ahnen können? Oder wenden wir uns doch lieber ab, weil wir im Grund unseres Herzens nichts mit ihnen zu tun haben wollen? Das ist die Frage. Und die Antwort geben wir mit unserem Leben. Welche Antwort wir auf diese Frage geben – davon hängt viel ab, ob die Geschichte unseres Lebens und unserer Welt einen guten Ausgang nimmt oder nicht. Das müssen wir beachten.

Jona hat seine Antwort gegeben. Er war dazu nicht bereit. Seine Haltung und sein letztes Wort beschreib ich mal mit meinen Worten: „Ich hätte nicht auf dich hören sollen. Mein Misstrauen zu dir hat sich bestätigt. Denn auf dich und dein Wort kann man sich nicht verlassen. Du änderst deine Meinung. Zugunsten der anderen. Zu den anderen bist du zu gut. Und zu mir, deinem Propheten, bist du zu hart. Das ist nicht fair. Ich will nicht mehr leben, lieber sterben." Seine Erfahrungen haben eine Art Schachtel oder Box entworfen. Sie trägt den Namen: „Meine Welt – wie sie sein soll und wie ich sie mir vorstelle". Er hat an dieser Schachtel gearbeitet und sie vielleicht immer wieder auch mal verändert und seinen Erfahrungen angepasst. Damit kommt er nun zu Gott. Und muss erleben: „Gott passt in meine Box nicht hinein! Sie ist zu klein. Gott ist größer. In Gottes Herzen haben nicht nur Menschen wie ich Platz, sondern auch ganz andere. Solche, die ich überhaupt nicht mag. Die scheint Gott besonders zu mögen. Das stört mich!" Das macht Jona schwer zu schaffen. Und sein letztes Wort lautet: „Ich bin zu Recht zornig auf dich, Gott. Ich will nicht mehr." Damit geht er auf in seiner Bitterkeit. Und wenn er darin bleibt, geht er darin auch unter. Das kann offensichtlich auch Menschen treffen, die jahrzehntelang mit Gott leben. Das ist ernst und muss uns zu denken geben. Ich muss mir die Frage stellen: Geht es mir auch so wie Jona? Versinke ich auch manchmal oder öfters in Bitterkeit und droht mich der Zorn aufzufressen? Wenn ja, wann? Und: Wie finde ich da wieder heraus?

Jemand erzählte neulich in unserem Gottesdienst von einem Erlebnis, bei dem jemand ihn persönlich verletzte und er voller Zorn darüber war.

Damit ging er zu Gott und hörte dann den für ihn entscheidenden Satz:

„Selbst dann, wenn du das tust, was du dir jetzt vornimmst (dich zu rächen), werde ich nicht aufhören, dich zu lieben." Dieser Zuspruch Gottes verwandelte seinen Zorn. Das stellte für ihn die Weichen zu einem anderen Verhalten. Dieser Zuspruch gilt. Gott sagt auch dir und mir: „Auch wenn du dich für das Falsche entscheidest, werde ich nicht aufhören, dich zu lieben!" Das ist in der Lage, deine Enttäuschungen über Gott und das Leben zu überwinden! Wenn du mir das letzte Wort darin einräumst. Amen.

Kapitel 4

Wer vor Gott kniet, kann vor Menschen aufrecht stehen

Sprüche 1,7 ; 14,26-27 ; 29,25

Was versetzt uns in die Lage, so zu leben, wie es Gott ehrt? Was versetzt uns in die Lage, so zu leben, dass Gottes Name geheiligt wird, dass sein Reich kommt und sein Wille geschieht wie im Himmel, so auf Erden (Matthäus 6,9-10)? Zu solch einem Leben hat Christus diejenigen befreit, die sich auf seine Liebe und seine heilsame Herrschaft einlassen. Darauf zielt die heutige Predigt, mit der eine neue Themenreihe beginnt. Sie will uns die heilsamen Konsequenzen eines Lebens nach dem Willen Gottes aufzeigen. Dazu werde ich in den nächsten Wochen über ausgewählte Sätze aus dem alttestamentlichen Buch der Sprüche predigen. Dieses Buch behandelt viele Fragen der praktischen Lebensführung. In meiner Predigtreihe habe ich die einzelnen sehr praktischen und höchst aktuellen Lebensregeln den Zehn Geboten und für heute dem 1. Gebot zugeordnet. Das 1. Gebot stellt die Weichen für alle anderen Gebote. Es lautet: „Gott spricht: Ich bin der Herr, dein Gott, der dich aus Ägypten, aus der Knechtschaft, geführt hat. Du sollst keine anderen Götter haben neben mir." (Deuteronomium 5,6-7). Aus dieser zentralen Erfahrung im Leben des Volkes Israel zieht nun der Predigttext aus dem Buch der Sprüche eine entscheidende Konsequenz. Sie steht gleich am Anfang und liefert gleichsam den Schlüssel, der die Tür zum Verständnis des ganzen Buches öffnet. Er lautet:

„Den Herrn ernstnehmen, ist der Anfang aller Erkenntnis. Wer ihn missachtet, verachtet auch Weisheit und Lebensklugheit."

Viele kennen diesen Satz in der Lutherübersetzung: „Die Furcht des

Herrn ist der Anfang der Erkenntnis". „Furcht" meint hier vor allem „Respekt". Vor wem habe ich den meisten Respekt in meinem Leben? Vor meinen Eltern? Vor den Lehrern, die mich geprägt haben? Vor meinem Vorgesetzten? Vorm Zahnarzt oder dem nächsten Gesundheitscheck? Vor den deutschen Behörden mit ihrer Bürokratie? Vor den schwarzen oder roten Zahlen auf meinem Bankkonto? Den meisten Respekt verdient diejenige Institution oder Person, die für mich die oberste und letzte Instanz darstellt. Die oberste und letzte Instanz ist die Institution oder Person, der wir es verdanken, dass unser Leben Sinn und Erfüllung findet. Das kann kein Staat dieser Welt. Das können die besten Eltern der Welt nicht leisten. Das kann kein Lehrer oder Erzieher bewirken. Das schafft kein Chef (auch wenn er das vielleicht denkt). Und schon gar nicht vermögen das materielle Dinge. Sinn und Erfüllung auch in den schwierigsten Umständen zu stiften, vermag nur ein einziger: Gott, der Schöpfer des Universums und „Erfinder" und Bewahrer des Lebens. Er verdient unseren Respekt und unsere Wertschätzung mehr als alles andere! Das ist „der Anfang aller Erkenntnis". Und diese Erkenntnis vermittelt uns kein Schulwissen und auch kein Bildungsprogramm. Diese Erkenntnis, woher mein Leben Sinn und Erfüllung gewinnt angesichts aller Katastrophen und Ungerechtigkeiten, wurzelt in tiefer persönlicher Erfahrung. Sie wächst in vertrauensvollen Beziehungen, die uns zeigen: Es gibt etwas in dieser Welt, das dich hält und das trägt, auch wenn alles wankt und schwankt. Neulich fand ich eine Karte mit dem Spruch: „Gott hält dich, auch wenn die Welt Kopf steht!" Darauf lässt sich bauen!

Und wie nun zeigt es sich in unserem Alltag, Gott tatsächlich über alle Dinge ernst zu nehmen? Und was ist daran befreiend? Wie sich das bei mir aus auswirkt, dass ich Gott respektiere, wertschätze und ernster nehme als die Nachrichten und Ereignisse des Tages, zeigt sich in einer Grundhaltung, wie ich an den Tag herangehe: Mit allem, was mich bewegt, positiv oder negativ, komme ich als erstes zu Gott. Mit ihm bin ich im Gespräch über alles, was so passiert. Er ist mein erster Ansprechpartner für alles. Ich rede mit ihm drüber und erbitte seinen Rat dazu. Immer wieder im Lauf des Tages. Ich höre, was er dazu zu sagen hat. Und er hat garantiert was dazu zu sagen! Ein ganz wichtiges Gebet, das ich morgens bete, lautet: „Herr Jesus Christus! Ich vertraue dir diesen Tag an und empfange ihn als Geschenk aus deiner Hand." Dabei schaue ich Jesus sozusagen bewusst in die Augen. Aus seiner Hand den Tag und mein Leben in Empfang nehmen macht einen großen Unterschied. Es bewahrt davor, mich als Spielball der Umstände zu sehen. Ich bin keinem blinden unabänderlichen Schicksal unterworfen. Ich bin kein Opfer. Ich darf mit Gott mein Leben gestalten. Das mache ich mir jeden Morgen bewusst. Das prägt mich, Tag für Tag. Das hilft mir. Bei jedem sieht das wohl etwas anders aus. Aber ich bitte euch herzlich, euren Weg zu suchen und ihn dann auch wirklich einzuüben. Dann wird wahr auch in eurem Alltag, was die Überschrift dieser Predigt bildet: Wer vor Gott kniet, kann vor Menschen aufrecht stehen. Und Menschen mit Rückgrat, die ihre Meinung und Überzeugung nicht ständig nach dem jeweils aktuellen Mainstream ausrichten, sind wichtiger als je. Sie wirken wie kleine Leuchttürme in stürmischen Zeiten. An ihnen kann man sich orientieren. Daran knüpft das nächste Wort aus den Sprüchen an:

„Alle, die den Herrn ernstnehmen, sind in Sicherheit, und auch ihre Kinder haben eine Zuflucht. Sicherheit und Zuflucht."

Einen Ort der Geborgenheit, der wirkt wie das berühmte Auge im Sturm

– das sind Auswirkungen für die, die Gott ernstnehmen, weil sie „ihn über alle Dinge fürchten und ehren, ihn lieben und ihm vertrauen." (Luther) Das zieht Kreise! Das wirkt sich auf die Kinder, auf die nächste Generation und unsere Umgebung aus. Unterschätzen wir das nicht. Das ist wirklich eine Quelle des Lebens! Viele von uns kennen aber auch das: „Sich vor Menschen fürchten bringt Gefahr." Oder wie es in der Lutherübersetzung heißt: „Menschenfurcht bringt zu Fall." Menschenfurcht beschreibt die besorgte Frage, um die unsere Gedanken ständig kreisen und unsere Gefühle lähmt: Was werden die anderen wohl jetzt denken oder über mich reden? Was kann ich nur tun, um in ihren Augen gut dazustehen? Denn ich will ja gemocht werden in meiner Umgebung und kein Außenseiter werden oder bleiben... Was können wir dem entgegensetzen?

Wer vor Gott kniet, der kann dann auch vor Menschen aufrecht stehen. Beachtet bitte die Reihenfolge! Denn das eine folgt aus dem anderen: erst vor Gott knien, das befähigt dann auch, im Alltag unseren Mann oder unsere Frau aufrecht zu stehen. Weil der erste Schritt oft der entscheidende ist, will ich die Predigt mit einem Gebet nach Psalm 139,1-5.23-24 beschließen. Ihr könnt, wenn ihr wollt, jeden Satz leise für euch nachsprechen:

„Herr, du durchforschst mich und kennst mich. Ich sitze oder stehe auf, so weißt du es; du verstehst meine Gedanken von ferne.
Ich gehe oder liege, so bist du um mich und siehst alle meine Wege.

Denn siehe, es ist kein Wort auf meiner Zunge, das du, Herr, nicht schon wüsstest.

Von allen Seiten umgibst du mich und hältst deine Hand über mir. ... Erforsche mich, Gott, und erkenne mein Herz; prüfe mich und erkenne, wie ich´s meine.
Und sieh, ob ich auf bösem Wege bin und leite mich auf ewigem Wege."
Amen.

Kapitel 5

Steht auf und steht ein für Verfolgte und Verlassene!

Sprüche 24,11-12 ; 31,8b-9

Auch nicht so bekannte Bücher der Bibel können sich als höchst aktuell und ziemlich brisant erweisen. Das trifft auch auf das Buch der biblischen Sprichwörter zu. Letzten Sonntag ging es um ausgewählte Sprüche im Spiegel des 1. Gebotes: „Ich bin der Herr, dein Gott. Du sollst keine anderen Götter haben neben mir“ (Deuteronomium 5,6-7). Heute sprechen zwei biblische Sprichwörter zu uns, die das 5. Gebot anwenden und zuspitzen. Das fünfte Gebot lautet: „Du sollst nicht töten“ (Deuteronomium 5,17). Dazu zitiere ich aus Sprüche 24 und 31:

„Lass nicht zu, dass unschuldige Menschen verurteilt werden. Tu alles, was du kannst, um sie vor dem Tod zu retten. Rede dich nicht damit heraus, dass du nichts gewusst hast. Gott sieht dir ins Herz und weiß, ob du die Wahrheit sagst. Er belohnt oder bestraft jeden Menschen, der es aufgrund seiner Taten verdient hat.“

„Sprich für alle, die sich selbst nicht helfen können. Sprich für die Armen und Schwachen, nimm sie in Schutz und verhilf ihnen zu ihrem Recht!“

Was passiert hier? Etwas Überraschendes und ziemlich Wichtiges: Wir werden bildlich gesprochen mit einem Mal aus der gemütlichen Sofaecke aufgeschreckt, sodass wir auf die Beine springen, uns die Augen reiben und plötzlich hellwach werden. Jedenfalls werden wir ziemlich direkt angesprochen. Es wird deutlich: Wir sind gemeint. Und nicht nur die anderen. Ausreden zählen nicht mehr, auch fromme Ausreden nicht. Das ist hart. Das ist unbequem. Das tut weh. Aber es ist heilsam. Und manchmal auch nötig. Das 5. Gebot: „Du sollst nicht töten“ kennt wohl jeder. Aber kaum einer fühlt sich persönlich davon angesprochen. Denn nur die allerwenigsten haben einen Menschen getötet. Selbst wenn wir das 5. Gebot auf ungeborenes Leben anwenden und dabei auch Abtreibung mit einbeziehen, wird die große Mehrheit der Gottesdienstbesucher beruhigt denken: Trifft auf mich (Gott sei Dank) nicht zu. Thema abgehakt. So denken wir vielleicht. Aber Gott denkt nicht so! Dieser Satz bleibt uns „im Halse stecken“, wenn wir die Sprichwörter aus dem ersten Teil der Bibel auf uns wirken lassen. Sie wenden – in diesem Fall – das 5. Gebot direkt auf uns an und beziehen uns nicht nur mit unseren Taten, sondern mit unserer Herzenseinstellung in die Verantwortung vor Gott mit ein. Das macht einen gewaltigen Unterschied! Denn das bedeutet: Nicht nur, was du tust oder auch aus Angst vor Fehlern unterlässt, das zählt. Es zählt auch, warum und in welcher Einstellung, in welcher Herzenshaltung du etwas tust oder nicht tust. Das weitet unsere Mitverantwortung vor Gott enorm aus. Das aber ist Gott wichtig, dass wir die Dinge sehen lernen, wie Gott sie sieht. Deshalb gibt es auch das biblische Buch der Sprüche, das von manchen unterschätzt wird. Hier aber, mit den beiden Worten aus Sprüche 24 und 31 stehen wir an einem bedeutsamen Punkt. Es ist gleichzeitig ein sehr wunder Punkt unserer deutschen Geschichte. Denn sehr viele, auch sehr viele Christen und manche unserer Großväter und Großmütter (oder auch Urgroßväter und Urgroßmütter) haben nach Ende des 2. Weltkriegs, der vor 75 Jahren begann, gesagt: „Von KZ´s und der Vernichtung der Juden haben wir nichts gewusst oder auch nur geahnt.“ Das stimmt und stimmt so nicht. Denn viele haben aus Angst auch bewusst nicht nachgefragt, warum aus ihrer Umgebung plötzlich Menschen verschwunden sind und wohin die Transporte aus Berlin

Grunewald gingen... Nicht wissen heißt dann bei ehrlicher Selbstbetrachtung nicht wissen wollen. Aus Angst. Das ist menschlich verständlich – aber enthebt uns nicht unserer Verantwortung vor Gott. Das sagt Sprüche 24,12 sehr klar: „Rede dich nicht damit heraus, dass du nichts gewusst hast. Gott sieht dir ins Herz und weiß, ob du die Wahrheit sagst."

Doch auch hier: Vorsicht Falle! Diese Sätze aus den Sprüchen reden zu uns und nicht zu unseren Großeltern! Sie handeln auch von 2014 und nicht nur von der Hitlerzeit! Wie reagieren wir, wenn wir in den letzten Wochen hörten, dass Berliner Flüchtlingsheime bedroht wurden, weil syrische Flüchtlinge (und darunter auch viele Christen) zu uns kamen? Was haben wir gedacht, gesagt oder getan, als wir diese Nachrichten hörten? Schnell ausgeschaltet, den Sender gewechselt oder – wirklich Interesse gezeigt und Anteil genommen am Schicksal anderer? Ich weiß und kenne das auch, es gibt eine wirkliche Gefahr, bei der Informationsflut schrecklicher Nachrichten innerlich abzuschalten und abzustumpfen. Ganz einfach, weil die Seele nur ein begrenztes Vermögen hat, solche Dinge zu verkraften und zu verarbeiten. Aber das kann nur das erste Wort von Christen in dieser Sache sein und nicht das letzte, oder? Denn Christen wissen oder sollten wissen, dass sie mit allem und eben nicht nur mit den eigenen Belangen zu Christus gehen können und sollen. Und nicht erst dann wach werden und aufstehen, wenn es das eigene Leben und den eigenen Glauben betrifft! Das ist entscheidend, dass wir das in unseren Tagen lernen! Das ist entscheidend, dass wir Gesicht und Mut zeigen, wenn es um die Würde und das Schicksal von Menschen in unserer Mitte, in unserer Stadt geht. Gott greift es ans Herz, die Würde und das Schicksal jedes Menschen und er möchte, dass seine Gemeinde ihm darin folgt.

„Sprich für alle, die sich nicht selbst helfen können. Sprich für die Armen und Schwachen, nimm sie in Schutz und verhilf ihnen zu ihrem Recht?“

Wie können wir das? Steht auf und steht ein... nicht nur für eure eigenen Belange, sondern für die Menschen, die eure Fürsprache und euren Einsatz am meisten brauchen. *Fürsprache* ist dabei ein Schlüsselwort. Es hat zwei Adressen: Gott *und* benachteiligte Menschen. Gebet bleibt das erste und Wichtigste, was Christen tun und bewegen können. Aber es bleibt nicht das Einzige. Gebet kann und will ergänzt werden! Zum Beispiel durch Fürsprache.

Ein Beispiel: Ihr habt vermutlich in den vergangenen Tagen mehrere der 500 in Berlin aufgehängten blauen Plakate gesehen mit der roten Aufschrift: „Steh auf! Nie wieder Judenhass!“ Diese Veranstaltung am Brandenburger Tor findet heute Nachmittag statt. Der Zentralrat der Juden in Deutschland hat dazu aufgerufen. Die Kanzlerin wird sprechen. Auch führende Repräsentanten der evangelischen und katholischen Kirche. Ich selbst werde hingehen und mich sehr freuen, wenn einige aus der Gemeinde mich begleiten. Und nächsten Samstag findet wie jedes Jahr um diese Zeit der „Marsch für das Leben“ und gegen Abtreibung statt, der vorm Bundeskanzleramt beginnt und an der St. Hedwigs Kathedrale mit einem Gottesdienst endet. Auch da wird unsere Gemeinde, so hoffe ich, wieder mit vertreten sein. Nur ein Beispiel für Steht auf und steht ein für Verfolgte und Verlassene. Es gibt noch mehr Möglichkeiten. Fangt bitte mit den Möglichkeiten an, die euch am leichtesten fallen. Fangt aber bitte an, euch einzuüben in persönliche und öffentliche Fürsprache vor Gott und für benachteiligte Menschen. Es ist wichtig. Und es ehrt Gott. Amen.

Kapitel 6

Wenn Wohlstand ungerecht wird

Sprüche 14,31 ; 22,7.23

Die biblischen Sprichwörter im Spiegel der Zehn Gebote weiten unseren Blick über die persönlichen Bedürfnisse hinaus. Sie beschäftigen sich sehr intensiv mit den Menschen, die benachteiligt werden, die Armen, Schwachen und Unterdrückten. Im Spiegel des 7. Gebotes, um das es heute gehen soll, heißt es in Sprüche 14 und 22 folgendermaßen:

„Wer die Schwachen unterdrückt, beleidigt ihren Schöpfer. Wer Hilflosen beisteht, ehrt Gott.
Der Reiche hat die Armen in seiner Gewalt; wer Geld leihen muss, wird zum Sklaven seines Gläubigers. ... Der Herr schützt die Schutzlosen; wer ihnen das Recht nimmt, dem nimmt er das Leben."

Wie beim 5. Gebot: „Du sollst nicht töten!" denken wohl die meisten auch beim 7. Gebot: „Du sollst nicht stehlen" beruhigt: Betrifft mich nicht, ich nehme niemandem etwas unrechtmäßig weg. Die Auslegung Luthers in seinem Katechismus zum 7. Gebot zeigt schon vor fast 500 Jahren klar, dass es um weit mehr als um Diebstahl geht: Es geht darum, unseres Nächsten „Gut und Nahrung helfen bessern und behüten". Das ist weit mehr! An welcher Stelle unseres Alltags berührt uns das? An einer ganz wichtigen und sensiblen Stelle, über die wir selten sprechen. An einer Stelle, an der wir als „Normalbürger" aber tatsächlich viel Macht und Einfluss haben. Viel mehr als wir denken oder uns bewusst machen. Beim Einkaufen nämlich. Welche Produkte wir auswählen und kaufen und nach welchen Maßstäben, das hat in der Marktwirtschaft erheblichen Einfluss. Nicht umsonst werden wir von allen möglichen

Seiten mit aufwändigen Mitteln umworben. Und nicht umsonst stecken viele Firmen beträchtliche Mittel in die Werbung, um unser Kaufverhalten in ihrem Sinn zu beeinflussen. Also nach welchen Maßstäben wählen wir unsere Produkte, die wir kaufen oder online bestellen, aus? Die meisten von uns nennen wohl zuallererst den Preis. Manche dann auch die Qualität, d.h. sie wählen nicht das billigste Angebot aus, weil etwas Teures vielleicht eine längere Lebensdauer oder bessere Qualität hat. Und einige achten beim Einkaufen auch ganz bewusst auf spezielle Qualitätssiegel. Dabei meine ich nicht nur die Noten von Stiftung Warentest. Sondern zum Beispiel (beim Kaffee) das Siegel Fair Trade, das anzeigt, dass für die Ersterzeuger ein fairer Preis ermöglicht wird. Oder das so genannte GEPA-Siegel. Das achtet auf faire Arbeitsbedingungen bei der Herstellung der Produkte. Alle diese Erzeugnisse sind in der Regel teurer als Schnäppchen und Billigangebote. Denn sie berücksichtigen nicht nur meine Interessen als Konsumenten, sondern auch die Lebensverhältnisse der Erzeuger. Und die leben meistens in Ländern bitterer Armut. In Afrika, Asien oder Lateinamerika.

Nun werden einige vielleicht einwenden: Was haben solche „weltlichen Dinge" in der Predigt zu suchen? Nach welchen Maßstäben ich in welchen Supermärkten einkaufe, ist doch schließlich meine Sache, oder? Mein bescheidener Wohlstand, den ich mir gönne, ist doch wohl okay, oder? Es ist tatsächlich deine und meine persönliche Angelegenheit und Entscheidung, was wir wo einkaufen. Und Wohlstand ist okay! Aber – und das ist genauso wichtig – er hat zwei Seiten wie die zwei Seiten einer Medaille: Die Vorderseite ist das, was mich betrifft. Und die Rückseite sind die Auswirkungen, die mein Wohlstand auf die

Menschen hat, die das herstellen, was ich brauche und kaufe. Und Billigprodukte machen ihnen das Leben schwer. Das gehört mit zur Wahrheit. Diese andere Seite des Wohlstands will mit beachtet werden! Mein Wohlstand, den Gott mir gönnt, stellt mir eine wichtige Frage: Bin ich damit zufrieden, wenn es mir einigermaßen gut geht – oder erkenne ich meine Mitverantwortung auch für diejenigen, denen es erheblich schlechter geht als mir? Mit anderen Worten: Wohlstand kann schnell ungerecht werden. Nämlich dann, wenn es mir nur um meine berechtigten Bedürfnisse geht und die anderen mir ziemlich egal sind.

Was mache ich nun mit dieser Einsicht? Es geht nicht darum, mit schlechtem Gewissen einzukaufen und Geld auszugeben! Sondern es geht vielmehr darum, nicht mehr gedankenlos oder gleichgültig einzukaufen und Geld auszugeben! Ich informiere mich über die Herkunft und Herstellungsweise meiner Produkte und ich interessiere mich für die Lebens- und Arbeitsbedingungen der Erzeuger Afrika, Asien und Lateinamerika. Ja, in diesem Sinn wird Einkaufen nicht leichter. Es ist ein ständiges Abwägen. Ein verantwortungsvolles Entscheiden. Auch manchmal ein Ausprobieren, was geht und was nicht geht. Ahnt ihr, womit das Ganze anfängt? Nicht beim Geld, beim Bezahlen! Sondern bei meinem Interesse oder Desinteresse. Bei meiner Herzenseinstellung. Und das ist keine Randfrage, sondern wirklich eine Glaubensfrage! Wir bekommen dann nämlich auch diejenigen in den Blick, die Gott die ganze Zeit schon besonders im Auge und auf dem Herzen hat. Sprüche 14,31 sagt dazu sehr deutlich: „Wer den Schwachen unterdrückt" (durch unmenschliche Arbeits- und Lebensbedingungen), „beleidigt ihren Schöpfer". „Wer Hilflosen beisteht" (beispielsweise durch verantwortungsvolles Einkaufen), „ehrt Gott." Das ehrt Gott! Beachtet das bitte. Denn hier findet „Alltagsgottesdienst" statt, der Gott mindestens genauso wichtig ist wie unser „Sonntagsgottesdienst"!

Aber die biblischen Sprichwörter reden bei diesem Thema auch von uns selbst. Da geht es nicht um die Frage, ob Wohlstand ungerecht wird, sondern welchen Preis er hat und wann der Preis für uns zu hoch wird. Es geht um das wichtige Thema Schulden und Kredite. Da heißt es in Sprüche 22,7: „... Wer Geld leihen muss, wird zum Sklaven seines Gläubigers." Ein klares und unbequemes Wort. Doch manchmal geht es beim besten Willen nicht ohne Kreditaufnahme. Wir wissen das. Aber Kredite sind Schulden, die abgezahlt werden müssen und Schulden drücken und verhindern manch andere sinnvolle Investition. Also, wie sollen und können wird damit umgehen? Ähnlich wie beim Einkaufen. Mit sorgsamem Abwägen und Prüfen. Nur dass hier viel mehr auf dem Spiel steht. Auch wenn es ein Patentrezept nicht gibt, können wir uns anhand der biblischen Sprichwörter vielleicht für den privaten Umgang mit Krediten auf zwei hilfreiche Regeln verständigen:

(1) Bei kurzlebigen Dingen wie Reisen oder Konsumgütern, deren Anschaffung aller paar Jahre ansteht, sollten Kredite nach Möglichkeit in jedem Fall vermieden werden.
(2) Bei größeren Investitionen mit langer Wirkungsdauer, die vielleicht auch als Altersvorsorge dienen können, sind Kredite bei vorhandenen Eigenmitteln und nach sorgfältiger Prüfung, manchmal nicht nur unumgänglich, sondern auch verantwortbar.

Was sagt uns das alles? – Auch das, was man allgemein „Privatleben" nennt, wie zum Beispiel Einkaufen und Geld ausgeben, hat mit Gott zu tun! Es gibt keinen Bereich unseres Lebens, in dem wir nicht vor ihm und unseren Mitmenschen verantwortlich sind. Dies ist ganz wichtig: Wir sind eben nicht nur unserem Gewissen verantwortlich, sondern Gott – und der fragt uns sehr wohl nach unserer inneren Einstellung und unserem „äußeren Verhalten“ unseren Mitmenschen gegenüber. Zum Beispiel beim Einkaufen. Und wie schaffen wir das, dieser Verantwortung gerecht zu werden? Indem wir beherzigen, was schon bei den Sprichwörtern zum 1. Gebot eine Rolle spielte: Wir wollen Gott über alle Dinge respektieren und ehren, ihn von Herzen lieben und lernen, ihm auch in den finanziellen Fragen und Entscheidungen zu vertrauen. Amen.

Kapitel 7

Wenn alles in einem anderen Licht erscheint

Hiob 2,1-10

Mit dieser Predigt beginnt eine fünfteilige Reihe aus dem Buch Hiob. Ich stelle sie unter einen bekannten Satz des großen dänischen Denkers Sören Kierkegaard: *„Verstehen können wir unser Leben nur rückwärts. Aber leben müssen wir es vorwärts."* Dieser Satz beschreibt ziemlich genau die Perspektive, aus der heraus Hiob sein Leben bewältigen und seinen Glauben an Gott bewähren musste. Ganz besonders trifft das auf den so genannten „Prolog im Himmel zu", von dem der Predigttext erzählt:

„Es begab sich aber eines Tages, da die Gottessöhne kamen und vor den Herrn traten, dass auch der Satan unter ihnen kam und vor den Herrn trat. Da sprach der Herr zu dem Satan: Wo kommst du her? Der Satan antwortete dem Herrn und sprach: Ich habe die Erde hin und her durchzogen. Der Herr sprach zu dem Satan: Hast du acht auf meinen Knecht Hiob gehabt? Denn es ist seinesgleichen auf Erden nicht, fromm und rechtschaffen, gottesfürchtig und meidet das Böse und hält noch fest an seiner Frömmigkeit; du aber hast mich bewogen, ihn ohne Grund zu verderben. Der Satan antwortete dem Herrn und sprach: Haut für Haut! und alles, was ein Mann hat, lässt er für sein Leben. Aber strecke deine Hand aus und taste sein Fleisch und Gebein an: was gilt´s, er wird dir ins Angesicht absagen! Der Herr sprach zu dem Satan: Siehe da, er sei in deiner Hand, doch schone sein Leben! Da ging der Satan hinaus vom Angesicht des Herrn und schlug Hiob mit bösen Geschwüren von der Fußsohle bis auf seinen Scheitel. Und er nahm eine Scherbe und schabte sich und saß in der Asche. Und seine Frau sprach zu ihm: Hältst du noch fest an seiner Frömmigkeit? Sage Gott ab und stirb! Er aber sprach zu ihr: Du redest, wie die törichten Frauen reden. Haben wir Gutes empfangen von Gott, sollten wir das Böse nicht auch annehmen? In diesem allen versündigte sich Hiob nicht mit seinen Lippen."

Was für ein Drama! Wenn Hiob auch nur ansatzweise geahnt hätte, was „hinter den Kulissen" seines Lebens ablief, dann hätte er eine Chance gehabt, sich „(s)einen Reim darauf zu machen". Er hätte sein Leiden irgendwie einordnen können, das ihn hier „wie ein Blitz aus heiterem Himmel" überfällt. So aber ist er brutal mit der Tatsache konfrontiert, sein Leben „vorwärts zu leben", ohne die Hintergründe und Zusammenhänge zu kennen. Das aber übersteigt menschliche Maße und Kräfte. Und genau das war seine Lage.

Bei uns Hörern der Geschichte muss das eine Menge Fragen auslösen. Ziemlich irritierte Fragen. Sie lassen sich gar nicht vermeiden: Was wird hier eigentlich gespielt? Das ist doch nicht fair, oder? Wie kann sich Gott nur auf solch einen Handel einlassen?! Das ist doch unmenschlich!

Um aber dieser Geschichte auch nur einigermaßen gerecht zu werden, dürfen wir allerdings wie häufig in der Bibel nicht beim Ersteindruck stehen bleiben. Wir müssen einfach um unser selbst willen und eines tragfähigen und ehrlichen Glaubens willen beharrlich weiter fragen. Und die Frage heißt: Gott, wie bist du wirklich? Davon hängt eine ganze Menge ab. Das wird hier noch drastisch dadurch verschärft, dass plötzlich und ohne „Vorwarnung" der Satan die Bühne betritt und Hiob mit einem Mal wie zu einem Spielball zwischen Gott und seinem Widersacher wird. Denn Satan heißt „Ankläger", „Widersacher" oder „einer, der dagegen ist". Wie sein Name so ist auch seine Rolle, die er hier spielt. Allerdings ist sie begrenzt. Vom Satan ist nur in den ersten beiden Kapiteln die Rede, dann im gesamten Buch nie wieder. Hier aber kräftig, nämlich 14mal und das bei insgesamt nur 18 Erwähnungen im gesamten Alten Testament! Danach verschwindet er wie in der Versenkung. Nachdem Hiob bei allem an Gott festgehalten hat und Gott ihn gerechtfertigt und geehrt hat, spielt der Satan keine Rolle mehr! Das ist ein deutlicher Hinweis darauf, dass er ausgespielt und seine Wette mit Gott gründlich verloren hat.

Was ist Satans Argument, das Gott bewogen hat, sich auf diese für uns unmenschliche Wette einzulassen? Es ist eine Frage, die es in sich hat. Sie lautet: Gibt es etwas im Leben umsonst? Der Teufel sagt ganz klar: Nein, das gibt es nicht. Kein Mensch lässt sich auf etwas ein, von dem er auf Dauer nichts hat. Er kennt uns Menschen und die Frage, die für viele eine Leitfrage ist: Was bringt mir das? Und nicht wenige beziehen das auch auf Gott: Wenn Gott mir nichts bringt, wenn ich dadurch nicht erfolgreicher, angesehener, gesünder, attraktiver, einflussreicher, stärker werde, dann kann ich die Sache mit Gott doch vergessen, oder? Wenn Beten, Bibellesen, zum Gottesdienst gehen mir auf Dauer mehr Nachteile als Vorteile bringt, dann kann ich´s doch auch lassen, oder? Wohlgemerkt, so denkt Satan! Er ist überzeugt, dass Hiob auch so denkt und handelt. Er denkt immer noch so und setzt darauf, dass möglichst viele Glauben und Religion genauso verstehen – als Schnellstraße zum Erfolg. Und wenn das nicht funktioniert, meinen sie dann, zu Gott am besten „und Tschüss“ zu sagen.

Es gibt eine Frage, um die sich das ganze Hiobbuch dreht und die wirklich nicht leicht zu beantworten ist, wenn wir nicht in Allgemeinplätzen steckenbleiben wollen. Diese Frage braucht in jedem

Fall eine ehrliche und persönliche Antwort! Dabei kann sich keiner „vertreten" lassen weder durch fromme Eltern noch durch einen kompetenten Pastor. Die Frage lautet: *Ist Gott es wert, um seiner selbst willen geliebt und verehrt zu werden?* Ist er es wert, dass ich ihm mein ganzes Vertrauen schenke auch dann, wenn ich die Welt nicht mehr verstehe, warum alles so gekommen ist in meinem Leben? Ist Gott es wert, ihm zu folgen, auch wenn ich beim besten Willen nicht damit klarkomme, dass er so wenig von seiner Macht zeigt und so viel Leid und Ungerechtigkeit zulässt in dieser Welt? Ist Gott es wert, dass Menschen ihm vertrauen und an ihm festhalten – „einfach so", weil er Gott ist?

Das ist „die Hiob-Frage" – und Gegenstand der „Wette" zwischen Gott und Satan! Und nun kommt die alles entscheidende Antwort, der ausschlaggebende Punkt. Satan sagt: Nein! Das gibt es nicht! Und Gott sagt: Ja! Das gibt es! Das lässt unser Leben wirklich in einem ganz anderen Licht erscheinen. Das müssen wir wissen und erfahren wie nichts anderes auf der Welt, wie Gott wirklich ist und nicht nur Hiob, sondern auch uns gegenüber verhält. Wir dürfen wir (neu) hören, was Gott zu uns sagt: Ja, ich glaube daran, dass es Menschen wie Hiob gibt, die an mir festhalten, auch wenn ihnen das mehr Nachteile als Erfolge einbringt. Ich glaube daran, dass es Menschen gibt, die an mir festhalten, auch wenn sie alles verlieren, wenn sie aus ihrer Heimat vertrieben werden wie aus dem Nordirak oder aus Syrien, wenn sie auf ihrer lebensgefährlichen Flucht gedemütigt und in der Fremde nicht willkommen geheißen werden. Ich glaube daran, dass Menschen mir treu bleiben, weil ich Gott bin und sie über alles liebe.

Ahnt ihr etwas von der Brisanz, die sich hier abspielt? Ahnt ihr etwas vom „Glauben Gottes“? Nicht nur Hiob glaubt an Gott trotz aller Widerstände und Widersprüche im Leben, sondern Gott glaubt an Hiob, dass er ihm die Treue hält. Darauf „wettet“ Gott! Deshalb setzt er hier seine ganze Ehre aufs Spiel und ist sich des Ausgangs des Dramas dabei völlig sicher. Das ist kaum zu glauben, oder? Und was besagt das? Dass Gott höher von uns denkt als wir ahnen! Dass er an seinem „Ebenbild Mensch“ festhält, auch wenn es oft entstellt und verzerrt ist. Gott hält an uns Menschen fest! Das hat er im weiteren Verlauf der Menschheitsgeschichte, als Gott mit Jesus Mensch wurde, deutlich bewiesen. Deshalb ist hier ein Wort aus dem Neuen Testament anzuführen, für viele eins der schönsten in der ganzen Bibel: „Nichts kann uns von der Liebe Gottes trennen – nicht der Tod und auch nicht das Leben, keine Engel und keine unsichtbaren Mächte. Nichts Gegenwärtiges und nicht Zukünftiges und auch keine andere gottfeindliche Kraft (auch Satan nicht). … Nichts von alledem kann uns von der Liebe Gottes trennen. In Christus Jesus, unserem Herrn, hat Gott uns diese Liebe geschenkt.“ (Römer 8,38-39 nach der BasisBibel) Weil Gott so an seinen Geschöpfen festhält, darum können auch Tausende verfolgte Christen unserer Tage, die großen und kleinen Hiobs der Gegenwart, ihm die Treue halten. Darum können auch wir, du und ich, zu Gott stehen, was in deinem und meinem Leben auch immer geschehen mag. Kein Krieg und kein Krebs vermögen daran etwas zu ändern: Gott ist es wirklich wert – um seiner selbst willen – dass wir ihm unser Vertrauen schenken und ihn lieben. Denn er hat uns zuerst geliebt ohne alle Vorbedingung. Um unser selbst willen. Das lässt alles im Leben in einem ganz anderen Licht erscheinen. Dieser „Blick hinter die Kulissen“, der uns im Unterschied zu Hiob geschenkt wird, hilft enorm zum Leben. Zum Leben hier und heute. Unter welchen Umständen auch immer. Und er vermittelt Hoffnung, die über unser Leben auf dieser Erde hinausreicht und die zu betonen nicht nur am heutigen Ewigkeitssonntag wichtig ist. Hoffnung, die mir die Beschäftigung mit Hiob und seiner Geschichte schenken will. Sie fragt mich: Was steckt in deinem und meinem Leben? Mehr als heute sichtbar ist! Mehr als du ahnst. Mehr als viele bei dir für möglich halten. Wenn aber alles durch Gott in einem neuen Licht erscheint – und das nicht erst am Ende unseres Lebens oder nach unserem Tod – dann werden wir staunen über unser Leben und was Gott daraus machen kann. Das lässt wirklich hoffen. Amen.

Kapitel 8

Wenn alle Dämme brechen

Hiob 6,1-13

Verstehen können wir unser Leben nur rückwärts. Aber leben müssen wir es vorwärts. (Kierkegaard) Dieser Satz begleitet uns durch die Hiobgeschichte. Heute kommen dabei die ganzen Warum-Fragen des Lebens und Glaubens zur Sprache: Warum schaust du scheinbar schweigend zu, Gott, während so viel Böses beispielsweise im Nordirak und in Syrien geschieht? Warum greifst du nicht ein, wenn du voller Liebe und Güte bist und die Macht zum Eingreifen hast? Denn leben müssen wir unser Leben vorwärts:

„Hiob antwortete und sprach: Wenn man doch meinen Kummer wägen und mein Leiden zugleich auf die Waage legen wollte! Denn nun ist es schwerer als Sand am Meer; darum sind meine Worte noch unbedacht. Denn die Pfeile des Allmächtigen stecken in mir; mein Geist muss ihr Gift trinken, und die Schrecknisse Gottes sind auf mich gerichtet. Schreit denn der Wildesel, wenn er Gras hat oder brüllt der Stier, wenn er sein Futter hat? Isst man denn Fades, ohne es zu salzen oder hat Eiweiß Wohlgeschmack? Meine Seele sträubt sich, es anzurühren; es ist, als wäre mein Brot unrein. Könnte meine Bitte doch geschehen und Gott mir geben, was ich hoffe! Dass mich doch Gott erschlagen wollte und meinen Lebensfaden abschnitte! So hätte ich noch diesen Trost und wollte fröhlich springen – ob auch der Schmerz mich quält ohne Erbarmen –, dass ich nicht verleugnet habe die Worte des Heiligen. Was ist meine Kraft, dass ich ausharren könnte; und welches Ende wartet auf mich, dass ich geduldig sein könnte. Ist doch meine Kraft nicht aus Stein und mein Fleisch nicht aus Erz. Hab ich denn keine Hilfe mehr, und gibt es keinen Rat mehr für mich?"

Wer ist Hiob? Sein Name drückt wie oft in der Bibel praktisch schon sein ganzes Leben aus. Hiob heißt im Hebräischen „der Angefeindete". Von wem er angefeindet wird und vor allem wie er damit zurechtkommt, davon erzählen die 42 Kapitel dieses sehr kompakten Buches. Ansonsten erfahren wir im ersten Teil der Bibel recht wenig über ihn. Außer im nach ihm benannten Buch wird er nur noch an einer Stelle erwähnt. In einer Gerichtsankündigung heißt es beim Propheten Hesekiel (14,14): „Wenn dann diese drei Männer im Land wären, Noah, Daniel und Hiob, so würden sie durch ihre Gerechtigkeit allein ihr Leben retten, spricht Gott der Herr." Aufschlussreich ist dagegen, dass Hiob kein Jude ist, sondern in Gebiet der heutigen Araber lebte (siehe Hiob 1,3b: „im Osten" von Israel aus betrachtet) und für Israel als Glaubensvorbild dargestellt wird. Und nun kommt dieser biblische „Gerechte" in seinen Reden zu Aussagen, die unserem Bild von Hiob als stillem Dulder kräftig widersprechen.

Was passiert hier in unserem Predigttext, der für viele andere Worte von Hiob steht? Sein erster Satz sagt viel aus über das, was ihn bewegt und belastet: „Wenn man doch meinen Kummer wägen und mein Leiden zugleich auf die Waage legen wollte!" (Vers 2) Mit anderen Worten: Gerade das passiert eben nicht. Mein Kummer scheint keinen zu erreichen und zu bewegen. Mein Leiden scheint sich für meine Umgebung in Luft aufzulösen. Aber Leiden ist nicht Luft. Leiden wiegt schwer, unheimlich schwer. Für den, den es trifft. An wen richten sich diese Sätze? Zunächst an seinen Freund Eliphas, der zuvor in den

Kapiteln 4 und 5 zu Wort kam. Dann aber vor allem an Gott: „Denn die Pfeile des Allmächtigen stecken in mir; mein Geist muss ihr Gift trinken, und die Schrecknisse Gottes sind auf mich gerichtet.“ (Vers 4) Mit anderen Worten: Gott verbreitet Schrecken! Er will mir Böses! Es ist, als wollte er mich vergiften und umbringen! – Darf er mit Gott, dem Schöpfer und Allmächtigen so reden? Dürfen wir das?

Es ist wichtig, dass wir für unser Leben eine Antwort darauf finden. Und dabei kann Hiob uns helfen. Die Antwort des ganzen Buches lautet eindeutig: Ja. Hiob würde sagen: Ich hab niemanden anders, dem ich das klagen und bei dem ich mich beschweren kann. Kein anderer hält das aus. Gott schon. Kein anderer fühlt sich für mein unschuldiges Leiden zuständig. Gott hoffentlich doch! Am Ende seiner Geschichte erfährt er, ob seine Hoffnung trug oder trog. Dann erlebt und bekennt er: *Gott geht nicht weg!* So lässt sich die Botschaft seines Lebens in einem Satz ausdrücken. Denn „verstehen können wir das Leben nur rückwärts. Aber leben müssen wir es vorwärts.“ Hier in seiner zweiten Rede, also in dem Stadium „leben müssen wir es vorwärts“, äußert sich die rettende Erfahrung „Gott geht nicht weg“ als Hoffnung. Hoffnung ist wichtig. Lebenswichtig. Manchmal, so wie bei Hiob, ist es die einzige Möglichkeit, am Glauben und an Gott festzuhalten. Deshalb spricht er weiter: Könnte meine Bitte doch geschehen und Gott mir geben, was ich hoffe! (Vers 8) Das nenne ich fragenden und tastenden Glauben, wie bei einem, der ein Geländer zum Festhalten braucht, um in unwegsamem oder gefährlichem Gelände schwindelfrei und absturzsicher sich bewegen zu können.

Deshalb will ich euch deutlich ermutigen: Bitte fragt Gott, wenn ihr die Welt, das Leben und auch Gott nicht mehr versteht! Bitte klagt und klagt es Gott, wenn ihr euch vom Leben, von Menschen oder auch von Gott ungerecht behandelt fühlt! Und wenn ihr zornig dabei werdet oder wütend, sprecht auch das vor Gott aus! Gott hält das aus, denn er geht nicht weg!

Hiob geht in seiner Rede aber noch einen Schritt weiter. Er sagt unmittelbar nach seinem hoffnungsvollen Satz: „Könnte meine Bitte doch geschehen und Gott mir geben, was ich hoffe“ voller Verzweiflung: „Dass mich doch Gott erschlagen wollte und seine Hand ausstreckte und mir den Lebensfaden abschnitte! So hätte ich noch diesen Trost...“ (Vers 9-10a) Bei solch einem Satz muss man erst einmal Luft holen, oder? Wohlgemerkt: Dieser Satz ist ein Gebet und richtet sich an Gott! Das ist ein Glück. Wie viele leidende und todkranke Menschen sagen oder denken: Dass ich mir doch den Lebensfaden abschnitte oder ein Arzt mir eine Spritze verabreichte und mein Leiden beendete! Wir kennen solche Gedanken und Äußerungen. In unserem Parlament werden sie aktuell gerade sehr intensiv diskutiert und im nächsten Jahr wird wohl auch darüber entschieden. Vielleicht kennen wir Menschen, auch Christen, die so fühlen wie Hiob. (Ich kenne welche.) Da ist es ganz entscheidend, dass solche Menschen jemanden haben, dem sie das sagen, anvertrauen oder, je nach Stimmungslage, auch an den Kopf werfen dürfen. Noch einmal: Gott hält das aus, denn er geht nicht weg! Ihm dürft ihr das auf jeden Fall sagen, wenn ihr so empfindet. Er sieht das nicht als Bedrohung oder empfindet das als „Majestätsbeleidigung“, sondern als Ausdruck ehrlicher Verzweiflung und sogar als Vertrauensbeweis. Er freut sich, wenn seine Kinder und Geschöpfe mit allem zu ihm kommen, auch mit dem Schlimmsten, was im Leben passieren kann. Darüber hinaus ist es aber für bis zum Übermaß leidende, für todkranke und am Leben verzweifelnde Menschen eine enorme Hilfe, wenn es Personen in ihrem Umkreis gibt, die solche Verzweiflungsausbrüche wie bei Hiob auch aushalten und ertragen. Zum Beispiel, weil sie von Gott lernen wollen: Wenn Gott nicht weg geht, dann will ich auch nicht weggehen, sondern mich bewusst an die Seite leidender oder verzweifelter Menschen stellen. Das ist ein Segen, wenn es auch unter uns solche Menschen gibt! Solche Menschen helfen: Sie helfen auch den „Hiobs unserer Tage“ zu entdecken: Gott ist da und geht nicht weg! Das ist unser aller Glück. Amen.

Kapitel 9

Wenn neue Hoffnung aufkeimt

Hiob 19,23-27

In unserer Predigtreihe über eines der herausforderndsten biblischen Bücher – dem Buch Hiob – wurde deutlich, dass am Tiefpunkt des Lebens drastische Sätze fallen können. Mindestens bei Hiob, der alles, auch das Schlimmste, mit Gott in Verbindung bringt. Doch am Tiefpunkt des Lebens inmitten von Verzweiflung, unvorstellbarem Leid und bitterer Not kann auch neue Hoffnung aufkeimen! Darum geht es heute:

„Ach, dass meine Reden aufgeschrieben würden! Auf dass sie aufgezeichnet würden als Inschrift, mit einem eisernen Griffel in Blei geschrieben, zu ewigem Gedächtnis in einen Fels gehauen! Aber ich weiß, dass mein Erlöser lebt und als der letzte wird er über den Staub sich erheben. Und ist meine Haut noch so zerschlagen und mein Fleisch dahingeschwunden, so werde ich doch Gott sehen. Ich selbst werde ihn sehen und kein Fremder. Danach sehnt sich mein Herz in meiner Brust."

Diese Sätze zählen zu den Höhepunkten im Hiobbuch. Gewaltige Worte sind das. Man stelle sich vor: Hiob sitzt noch mitten in der Verzweiflung. Seine Sätze unmittelbar vor unserem Predigttext lauten vielsagend: „Erbarmt euch über mich, ihr Freunde; denn die Hand Gottes hat mich getroffen! Warum verfolgt ihr mich wie Gott und könnt nicht satt werden von meinem Fleisch?" (Verse 21-22) Wer in Not und Verzweiflung steckt wie Hiob, sucht und braucht vor allem: Erbarmen. Erbarmen, Verständnis und Zuwendung. Das aber fand Hiob nicht. Er bekam nur Ratschläge. Und auch gut gemeinte Ratschläge können Schläge sein!

Verzweifelte fühlen sich oft mutterseelenallein. Das steigert ihre Not. Wie bei Hiob. Deshalb wünscht er sich, dass seine Worte nicht verhallen, sondern aufbewahrt werden mögen. Wie in Fels gemeißelt. Und die Inschrift in Blei gegossen. Damit wenigstens künftige Generationen ihn verstehen könnten. Und was soll „für die Ewigkeit“ so festgehalten werden? – Sein Bekenntnis, den wohl bekanntesten Satz des ganzen Buches: „Aber ich weiß, dass mein Erlöser lebt…“

Dieser Satz findet sich häufig auf Grabsteinen. So zum Beispiel bei der Beerdigung meines Vaters. Da wählten wir als Familie diesen Satz auf der Schleife unseres gemeinsamen Kranzes. Aber dieser Satz ist ein Satz zum Leben, der seine ganze Kraft und Wirkung nicht erst am Lebensende entfalten will! Gott ist mein Anwalt, sozusagen mein Generalanwalt, der mich in allen Belangen meines Lebens engagiert und kompetent vertritt! Ich will lernen, mich immer öfter und umfassender vertrauensvoll an ihn zu wenden. Nicht erst dann, wenn ich am Ende bin, sondern jetzt schon, hier und heute.

Meist wird nur dieser eine Satz zitiert. Hiob aber spricht weiter: „Als der letzte wird er über sich den Staub erheben.“ Mit anderen Worten: Er spricht das letzte Wort über mein Leben! Dann, wenn ich zu Staub geworden bin, aber auch jetzt schon. Denn seine Stimme hat mehr Gewicht, viel mehr Gewicht als alle anderen Stimmen, die mich anklagen oder mir Beifall zollen. Seiner Stimme will ich viel mehr Beachtung schenken. Denn er kann mir sagen und bestätigen, was mein Leben hält und trägt. – „Und ist meine Haut noch so zerschlagen und mein Fleisch dahingeschwunden, so werde ich doch Gott sehen.“ Ihn selber will ich sehen, keinen Fremden! (So kann man diesen Satz auch übersetzen.) „Danach sehnt sich mein Herz in meiner Brust.“

Kann man Hoffnung noch stärker ausdrücken? Wohl kaum. Hier, noch mitten im Leid, blitzt schon auf, was sich am Schluss als die Lösung zeigt: „Ich hatte von dir nur vom Hörensagen vernommen, aber nun hat mein Auge dich gesehen“ (Hiob 42,5): Dass ich dir auf Augenhöhe persönlich begegnen kann, egal was passiert, das entscheidet wirklich alles! So gewinnt Hiob Hoffnung mitten im Leid. Das gelingt, wenn mitten im Leid und in großer Not ein Blick- und Perspektivwechsel möglich wird. Durch solchen Blick- und Perspektivwechsel können auch wir neue Hoffnung gewinnen! Und immer wieder einen Weg aus der Verzweiflung zur Hoffnung finden!

Aber noch einmal zurück zum bekannten Satz: „Ich weiß, dass mein Erlöser lebt.“ Er deutet für uns Christen über das Leben von Hiob hinaus. Das Wort „Erlöser“ meinte ursprünglich im alten Israel einen Menschen, der einen in Not und Schuld oder Verschuldung geratenen Verwandten freikauft. (So wie in diesen Tagen vor dem 25. Jahrestag des Mauerfalls in den Medien auch daran erinnert wird, dass die Bundesrepublik Deutschland seit den 70iger Jahren viele politische Gefangene der DDR aus den Gefängnissen freikaufte.) Was sich zunächst nur wie eine interessante historische Parallele anhört, bezeichnet etwas ganz Existenzielles. Und etwas wirklich Befreiendes.

Wir alle haben einen Erlöser! Einen der für uns alle gern und freiwillig bezahlt hat! Mit Haut und Haaren und seinem Leben bis zum letzten Atemzug und Blutstropfen. Jesus als Messias Gottes ist dieser Erlöser. Sein Leben war Liebe und Hingabe für andere. Für dich und für mich. Das ist Erlösung – Jesus tritt stellvertretend für uns ein und übernimmt Verantwortung für uns. Damit entlastet und befreit er. Jeden, der dafür offen ist. Und nicht nur Christen! Deshalb feiern wir regelmäßig

Abendmahl. Wir feiern unseren Erlöser und das Wunder der Befreiung von Schuld und Scham und den vielen Zwangsjacken im Leben, die wir uns anziehen oder anziehen lassen. Das Abendmahl mit den großartigen Zeichen Brot und Wein bzw. Traubensaft laden uns ein zu „sehen und schmecken, wie gut Gott ist“ (nach Psalm 34,9). Das wollen wir tun. Denn du und ich, wir können mit einstimmen in den großartigen Satz Hiobs: Ich weiß, dass mein Erlöser lebt. Amen.

Kapitel 10

Wenn Gott redet – und *seine* Fragen stellt

Hiob 38,1-4.31-38

Seit einem Monat ist Hiob unser Predigtthema. Hiob und das unvorstellbare Leid dieser Welt. Hiob und die vielen unlösbaren Warum-Fragen des Lebens. Und vor allem: Hiob und Gott. Wie er alles Leid, alle Enttäuschung und alles Unverständnis seiner frommen Freunde Gott „vor die Füße kippt". Wie er mit Gott ringt zwischen Verzweiflung und neuer Hoffnung. Und dann? Was kommt dann? Dann, wenn alles ausgesprochen wurde, was quält, dann redet Gott! Und das ist der entscheidende Punkt. Nach 37 langen Kapiteln im Buch Hiob meldet sich Gott zu Wort. Darum geht es heute:

„Und der Herr antwortete Hiob aus dem Wettersturm und sprach: Wer ist´s, der den Ratschluss des Herrn verdunkelt mit Worten ohne Verstand? Gürte deine Lenden wie ein Mann! Ich will dich fragen, lehre mich! Wo warst du, als ich die Erde gründete? Sage mir´s, wenn du so klug bist!"

Gott redet. Das ist das Entscheidende. Wie redet Gott? Sehr verschieden. Viele wünschen sich Gottes Reden wie beim Propheten Elia. Als er am Tiefpunkt seines Lebens erschöpft ist und sich den Tod wünscht, redet Gott zu ihm „nicht im Sturm…, nicht im Erdbeben…, nicht im Feuer", sondern in einem „stillen sanften Säuseln" (1.Könige 19,11-14). So kann Gott auch reden. Gott sei Dank. Doch er kann auch anders reden. Wie bei Hiob: „Und der Herr antwortete Hiob aus dem Wettersturm…" Bei Hiob ging es ausgesprochen stürmisch und turbulent zu. Das muss man sich nicht wünschen. Aber es geschieht.

Tausendfach in unseren Tagen. In Westafrika zum Beispiel. Dort wo Ebola wütet. Oder wo in Nordnigeria wie in der letzten Woche wieder Schulen und Kirchen angezündet und Menschen entführt wurden. Gott spricht auch in Katastrophen und Lebensstürmen ist darin erfahrbar.

Und wenn es geschieht, dass Gott so redet, ist es wichtig, die Stürme und Turbulenzen des Lebens als eine Botschaft Gottes zu „entschlüsseln". Und nicht wie eine bittere Pille zu schlucken oder einen harten Schicksalsschlag einfach hinzunehmen.

Gott redet und antwortet, indem er lauter *Fragen stellt*. Das fällt hier auf und überrascht. Hiob 38 mit seinen 41 Versen enthält (in der Lutherbibel) 27 Fragen. Gott stellt Fragen. Keine Wissensfragen. Sondern Lebensfragen. „Jede Frage besitzt eine Macht, die nicht in der Antwort liegt", hat Elie Wiesel gesagt. (Eine Macht, die in etwas Größerem liegt, etwas, was im Rückblick Sinn ergibt.) Gottes Fragen haben mehr Kraft als viele schnelle und oberflächliche Antworten oder billige Ratschläge. Welche Macht besitzen sie und was bewirken sie in den Umständen und Stürmen unseres Lebens? Sie sind in der Lage, auch bei Menschen, die das Gewohnte lieben, das Ruder buchstäblich herumzureißen. Wenn Gott uns in Frage stellt, dann werden die Lebensweichen neu gestellt. Das wird bei Hiob schon gleich zu Beginn der Rede Gottes an ihn deutlich: Wo warst du, als ich die Erde gründete? Wo warst du? Oder: Wo bist du?

Bei jüdischen Menschen, die mit der Hebräischen Bibel vertraut sind, „klingelt" es an dieser Stelle sofort. Es erinnert sie an die ganz ähnliche erste Frage Gottes in der Bibel: Adam, Mensch, wo bist du? (Genesis 3,9) Er hatte sich gegen Gott entschieden und aus Angst vor Gott versteckt. Und Gott holt den Menschen heraus aus seinem Versteck.

Gott lockt dich heraus aus deinem Versteck, in das du dich verkrochen hast oder verkriechen möchtest. Weil du Angst hast. Weil etwas in dir zerbrochen ist und du nicht weißt, wie du damit umgehen und mit Hoffnung und Zuversicht weiterleben kannst. Weil du dich abgelehnt und nicht verstanden fühlst, auch von guten Freunden nicht. Was hilft dann? Oder anders gesagt: Was bewirken die vielen Fragen, die Gott hier stellt? Dazu zitiere ich an dieser Stelle den zweiten Teil des Predigttextes, die Verse 31-38. Und zwar so, dass ich nach jeder dieser rhetorischen Fragen, die Antwort gebe, die, wenn Gott so fragt, klar auf der Hand liegt:

„Kannst du die Bande des Siebengestirns zusammenbinden oder den Gürtel des Orion auflösen?" – Nein, natürlich nicht. Aber ich, der Herr, dein Gott, der Schöpfer und Erhalter deines Lebens. Vertraust du mir, dass ich groß, kompetent und stark genug auch für dein Problem bin?

„Kannst du die Sterne des Tierkreises aufgehen lassen zur rechten Zeit oder die Bärin samt ihren Jungen heraufführen?" – Nein, natürlich nicht. Aber ich, der Herr, dein Gott, der Schöpfer und Erhalter deines Lebens. Vertraust du mir, dass ich groß, stark und kompetent genug auch für dein Problem bin?

„Weißt du des Himmels Ordnungen, oder bestimmst du seine Herrschaft über die Erde?" – Nein, natürlich nicht. Aber ich, der Herr, dein Gott, der Schöpfer und Erhalter deines Lebens. Vertraust du mir, dass ich groß, stark und kompetent genug auch für dein Problem bin?

„Kannst du die Blitze aussenden, dass sie hinfahren und sprechen zu dir: \`Hier sind wir´"? – Nein, natürlich nicht. Aber ich, der Herr, dein Gott, der Schöpfer und Erhalter deines Lebens. Vertraust du mir, dass ich groß, stark und kompetent genug auch für dein Problem bin?

„Wer gibt Weisheit in das Verborgene?" – Du nicht, aber ich, der Herr, dein Gott, der Schöpfer und Erhalter deines Lebens. Vertraust du mir, dass ich groß, stark und kompetent genug auch für dein Problem bin?

„Wer gibt verständige Gedanken?" – Du nicht, Aber ich, der Herr, dein Gott, der Schöpfer und Erhalter deines Lebens. Vertraust du mir, dass ich groß, stark und kompetent genug auch für dein Problem bin?

„Wer ist so weise, dass er die Wolken zählen könnte?" – Du nicht, aber ich, der Herr, dein Gott, der Schöpfer und Erhalter deines Lebens. Vertraust du mir, dass ich groß, stark und kompetent genug auch für dein Problem bin?

„Wer kann die Wasserschläuche am Himmel ausschütten, wenn der Erdboden hart wird, als sei er gegossen und die Schollen fest aneinander kleben?" – Du nicht, aber ich, der Herr, dein Gott, der Schöpfer und Erhalter deines Lebens. Vertraust du mir, dass ich groß, stark und kompetent genug auch für dein Problem bin?

Diese Fragen verweisen alle auf die Schöpfung und auf Gott, ihren Schöpfer. Was bewirken sie? – Sie könnten zunächst so auf uns wirken, wie Wissensfragen häufig wirken: Der Fragesteller, der Lehrer oder der Chef ist der Experte, ich nicht. Der Lehrer, Experte, Chef ist kompetent, ich nicht. Manche übertragen das dann auf Gott und denken: Gott ist groß und ich als Mensch bin und ich bleibe klein. Aber Gott macht Menschen nie und nimmer klein! Auch dich nicht, selbst wenn du so erzogen wurdest. Denn Gott liebt seine Geschöpfe und dich auch und überlässt sie eben nicht sich selbst nach dem Motto: Da sieh alleine zu, wie du mit deinem Leben klarkommst. Das ist nicht Gott. Und seine

Fragen sind keine Wissensfragen, die auf die Sachebene zielen. Gottes Fragen zielen tiefer, auf die Beziehungsebene. Und auf der Beziehungsebene geht es um *Vertrauensfragen*. So wollen seine Fragen verstanden werden! Sie rufen neu in eine enge, vertrauensvolle Gemeinschaft mit dem Schöpfer. Es ist als würde Gott damals Hiob und dir und mir heute zurufen:

Was dich hält und was dich trägt auch dann, wenn manches kaputt gegangen ist in deinem Leben, bin ich. Ich und nichts anderes auf der Welt. Denn ich bin ja Gott und nicht ein Mensch. Ich habe die Welt am Anfang nicht geschaffen, um sie anschließend sich selbst zu überlassen. Das gilt nicht nur im Großen, das gilt auch dir: Ich gehe nicht weg aus deinem Leben. Ich freue mich, wenn du das (neu) entdeckst und für dich in Anspruch nimmst. Ich freue mich, wenn du meine Hand ergreifst und spürst, dass ich deine Hand, dein Leben mit allen Höhen und Tiefen, dass ich dich mit all deinen Licht- und Schattenseiten niemals loslassen werde. Darauf kannst du dich verlassen. Und darauf können wir nur sagen: „Amen“. Ja, so ist es und so soll es bleiben. Amen.

Kapitel 11

Wenn alle Fragen verstummen

Hiob 42,1-2.5

Wir erinnern uns: „Verstehen können wir das Leben nur rückwärts..." Das ist wahr und ist wichtig für uns: Erst am Schluss, nachdem Hiob all seine Fragen ausgesprochen, Klagen und Anklagen vor Gott ausgesprochen hat, wird sichtbar, was ihn trotzdem hält und trägt angesichts aller erlittenen Ungerechtigkeiten und Grausamkeiten unserer Welt:

„Und Hiob antwortete dem Herrn und sprach: Ich erkenne, dass du alles vermagst, und nichts, das du dir vorgenommen hast, ist dir zu schwer. ... Ich hatte von dir nur vom Hörensagen vernommen, aber nun hat mein Auge dich gesehen."

Wovon berichten diese Worte Hiobs? Von zwei zentralen Erfahrungen. Sie kann man nicht erlernen, sondern nur erleben und manchmal auch nur erleiden.

Erfahrung 1: Du bist Gott und ich nicht. Das ist ein Glück – für mich. Erfahrung 2: Dir kann ich Auge in Auge begegnen, egal was passiert. Das entscheidet alles.

Du bist Gott und ich nicht. Das ist ein Glück – für mich.
„Ich erkenne, dass du alles vermagst, und nichts, das du dir vorgenommen hast, ist dir zu schwer." – Ein populärer und häufig gespielter Song lautet: „Muss eben noch mal schnell die Welt retten", und dann wird eine ganze Menge aufgezählt, was den Menschen davon abhält, das Nächstliegende zu tun und den nächsten Schritt zu gehen.

Auch wenn das Lied natürlich übertreibt, lebt in vielen von uns dieser Gedanke, dieser Wunsch und manchmal sogar dieser Anspruch. Das klappt nur nicht. Bei keinem von uns. Wir können und sollen sehr wohl Verantwortung übernehmen für uns und unser Leben, aber wir können niemanden retten und vor eigenen schmerzhaften Erfahrungen bewahren. Weder uns noch andere. Nur versuchen wir das oft und lange. Bis wir dann endlich aufgeben und mit all unseren Angelegenheiten zu Gott gehen. Und ihn so Gott sein lassen. Gott ist Gott und kein Mensch. Gott ist Gott und Gott rettet, hilft und erbarmt sich. Dazu hat er den Messias Jesus Mensch werden lassen und auf diese Welt geschickt. So hat Gott selbst ermöglicht, dass wir zu ihm und zu uns selbst finden können. Jesus hat stellvertretend für alle Schuld und alle Ungerechtigkeit, alle Not und alles Leid auf sich genommen und für uns getragen. Gott rettet, hilft und erbarmt sich, wo Menschen offen für sein Retten, Helfen und Erbarmen sind. Wo Menschen Gott darum bitten und ihn einladen, ihr Leben zu meistern. Das setzt die Einsicht und das Bekenntnis voraus so wie es ein Pastor als Schild auf seinen Schreibtisch gestellt hat: „Es gibt einen Gott und ich bin es nicht." Das setzt voraus, dass ich aufhöre, Gott spielen zu wollen in meinem Leben oder im Leben anderer. Wie viel Leid ist dadurch schon entstanden!

Dir kann ich Auge in Auge begegnen, egal was passiert. Das entscheidet alles.

„Ich hatte von dir nur vom Hörensagen vernommen, aber nun hat mein Auge dich gesehen." – Es mag befremden und ist doch befreiend: Am Ende des Hiobbuches gibt es keine Antworten, die alle Fragen klären und alle Lebens- oder Welträtsel lösen. Aber es gibt etwas anderes! Und dieses andere hat mehr Gewicht als wir denken. Nun hat mein Auge dich gesehen – das heißt: Ich bin dir wirklich begegnet. Und in der persönlichen Begegnung mit dir, du großem, unsichtbaren, unerklärlichen Gott, geht mir auf, wer du wirklich bist. Nicht anders erlebe ich, dass du mich aushältst und mir die Treue hältst. Weil du mich liebst. In der persönlichen Begegnung mit dir erfahre ich das. Auge in Auge. Auf du und du. Und durch dick und dünn. Anders nicht. Das aber trägt. In allen Umständen des Lebens. Was auch zu Bruch geht, was auch erschüttert wird und zur Verzweiflung treibt, Gott, du gehst nicht weg! Gott geht auch bei uns nicht weg. Gott hält uns aus so wie er Hiob und seine „Vulkanausbrüche" ausgehalten hat. Das ist die Botschaft dieses schwierigen und so wichtigen biblischen Buches. Das kann und will auch die Botschaft deines und meines Lebens sein oder werden. Gott geht nicht weg! Bitte schicke ihn auch nicht weg. Schau ihm offen in die Augen mit allem, was dein Leben ausmacht an Gutem und Schlechtem. Er sieht dich ohnehin. So wie du bist. Er sieht dich und kennt dich. Und mag dich. Egal ob du dich selbst magst, er mag dich und will dir begegnen. Das Leben mit Gott besteht aus ehrlicher Begegnung. Christsein ist in erster Linie eine Beziehungsreligion: Gott pflegt eine persönliche Beziehung mit uns. Das nennt die Bibel Vertrauen. Aufs Vertrauen kommt alles an. *Vertrauen ist wichtiger als Verstehen.* Denn es gibt Momente, wohl bei jedem, wo ich gar nichts mehr verstehe vom Leben und vielleicht auch nicht von Gott. Da gilt dann umso mehr: Gott, ich verstehe dich nicht, aber ich vertraue dir. Das können wir lernen. So wie Hiob. Gott ermutigt uns dazu. Und darauf kommt viel an. Amen.

Verwendete Literatur

Bibeln und Nachschlagewerke

Biblia Hebraica Stuttgartensia, Deutsche Bibelgesellschaft 1997, 5. Auflage

Das Alte Testament mit Erklärungen nach der Übersetzung Martin Luthers, 2. Band Hiob bis Maleachi, Evangelische Hauptbibelgesellschaft zu Berlin

Buber, Martin, Rosenzweig, Franz, Die Schriftwerke, Deutsche Bibelgesellschaft 1962, 6. Auflage

Gesenius, Wilhelm, Hebräisches und aramäisches Handwörterbuch zum Alten Testament, Springer Verlag, 1962, 17. Auflage

Ohler, Annemarie, dtv-Atlas Bibel, Deutscher Taschenbuch Verlag 2011, 5. Auflage

Kommentare und Monographien

Lamparter, Helmut, Das Buch der Weisheit. Prediger und Sprüche, Calwer Verlag Stuttgart 1059, 2. Auflage

Printed by Books on Demand GmbH, Norderstedt / Germany